조
대
연

고려대학교 공학대학원 석사
한국문인협회 이사
국제펜한국본부 이사
현대시인협회 이사
서울문학문인협회 고문

2003년 첫 시집『삶의 수채화』발간 이후
『달빛 서정을 노래하다』『사랑의 강』『슬퍼도 숨지 마』
『내가 꽃이면 너도 꽃이야』『마음 살포시 포개어 얹어』
『너 꽃잎에 마음결 얹어』『마음 조금 챙겨 봐』
『우주를 건너는 꽃잎들』을 펴냄

박종화문학상(한국문인협회), 통일부장관상, 영랑문학상,
풀잎문학상, 농민문학상,
2025년 큰글자책 보급 지원 사업 선정(『너 꽃잎에 마음결 얹어』) 등을 수상

e-mail: cdy6500@naver.com

그림 : 박은애

청어詩人選 514

# 우주를 건너는 꽃잎들

조대연 시집

도서출판
청어

# 우주를 건너는 꽃잎들

조대연 지음

발행처    도서출판 **청어**
발행인    이영철
영업      이동호
홍보      천성래
기획      육재섭
편집      이설빈
디자인    이수빈 | 구유림
인쇄      정우인쇄

등록      1999년 5월 3일
         (제321-3210000251001999000063호)

1판 1쇄 발행  2025년 11월 30일

주소      서울특별시 서초구 남부순환로 364길 8-15 동일빌딩 2층
대표전화  02-586-0477
팩시밀리  0303-0942-0478
홈페이지  www.chungeobook.com
E-mail   ppi20@hanmail.net

ISBN     979-11-6855-404-7(03810)

# 우주를 건너는 꽃잎들

조대연 시집

"우주를 건너는 꽃잎들"에
시인의 마음을 얹습니다.
한 송이 꽃이나 한 줄기 바람 속에도
생명의 근원적인 숨결이 일고 있습니다.

현대인들의 고독과 상실의 시대를
즈음하여 그 회복의 여정에
꽃, 별, 바람, 빛과 우주적 순환의 호흡을
함께 나눔으로의 시 노래입니다.

이 시집을 읽어주시는 독자님들과 더불어
그 꽃잎에 얹는 감성을 같이하여
모든 고통을 사랑의 빛으로 순환하는
마음 저 편의 우주로 건너고자 합니다.

꽃도 우주도 우리도
늘 하나의 숨결로 살아가는 지금
보이지 않는 미지의 세계로 여행을 함께하자 함에
부디 읽어주시어 "우주로 건너는 꽃잎들"에
한마음 얹어주시면 감사하겠습니다.

# 차례

## 너에게 가는 길

너에게 가는 길을
너 눈동자의
별빛에서 찾았어

이제 어둠이라도 그 빛이
내가 가는 길을
반짝여 열어줘

때문에 그런 네 눈빛을 동경하고
늘 기다리다 보니
어느새 너의 눈동자에
나의 눈빛이 도착해 있었어.

# Worthy you
—소중한 너


너는 스스로에게 자주 자문하지
나는 과연 이 모든 것을
감당할 자격이 있을까?

그러나 기억해
가치는 증명되는 것이 아니라
지금 살아있는 것만으로도
이미 충분히 잘 해낼 수 있다는
자신감이 깃들어 있다는 사실이야

아픔의 상처조차
너를 더 깊게 만들었고
슬픔의 눈물이
너를 더 빛나게 만들었어

그러니 스스로에게 속삭여
사랑받기를 기억되기를

그리고 살아갈 자격이 있다고
때문에 너는 Worthy하다라고
말해주고 싶어.

# 너의 눈동자

호수 맑은 너의 눈동자에
별이 비치고
달이 떠
눈빛 반짝일 때

나는 그 빛 속에 들어가
너를 사랑으로 그리는
꿈을 꾸고 있었어

이젠 내가
내 맘속의 호수에
널 초대할 테니
놀러 와줘
함께하는 모든 시간
달콤으로 돌려줄게.

# Indestructible
—무너지지 않아


의지로 다져진
뿌리는 꽃피움을 기억해
돌 틈에서도
물결을 찾아가는 길
잃지 않고 잘 뻗어나가

빗물에 내려도 지워지지 않고
바람에 불어도 사라지지 않아

설명으로 어떻든 끝낼 수 없고
시간은 언제든 변명하지 않아

때문에 나를 끝낼 수 없고
나를 버릴 수 없이 부서진 채로도

사라진 채로도 다시 일어나
더 단단한 채로 존재하는 방식을 알아

나는 언제나
그렇게 꽃피움을 위해
굳게 일어나 서서
잘 살아갈 것이야.

# 별빛의 꽃결

은하수 별빛의 꽃결
꿈결 속의 아이들 머리에
쏟아져 내려
함께 놀다가

꽃봉오리 잠든
어둠결에 스며들어
내내 반짝여 지새우고는

새벽녘 동터올 때
이슬 따라 사라져가는
하늘빛의 정령이어라.

# Nocturne
—야상곡


고요한 밤
달빛이 하얗게 내려
산과 강을 감싸안을 때
창문을 두드려오는
야상곡의 운율에
내 안의 꿈이 깨어와요

들불의 별빛 하나
달그림자에서 나와
잊힌 이름을 부르듯 반짝이고
밤바람은 사랑의 추억으로 머금어
가슴 속에 살랑여와요

깊어 가는 밤
창밖에 눈을 돌려 바라보면
고요의 야경이
꿈 자락으로 펼쳐지며
그 안에서 피고 지는 바람의
숨결은 부드럽고 고요해요

이 순간들이 모두 낭만적이기만 하여서
이 시간 놓치고 싶지 않아
밤바람에 운율을 담아 보내는
한밤의 서정은
내내 Nocturne의 여정으로 깊어만 가요.

# 빛의 선율


세상에 어둠이 내려앉을 때
별들은 하나 둘 나와
연주의 선율을 튕깁니다

우주는 거대한 관현악이고
그 공간을 건너는 음 하나 하나가
별빛따라 피어 울려옵니다

꽃잎들은 음색을 찾아 율동하고
새들은 화음에 맞춰 노래를 부릅니다

온 세상이 빛의 멜로디로
또한 내 가슴을 두드려 올 때
오, "이제 알 거 같아요
그 모든 실제가 빛의 파동에서
연주돼 나오는 음자리라는 것을요"

꽃이 나비와 마주할 때
사람이 우주와  마주할 때
그 마주함의 눈빛은
한줄기 광선으로 건반 위에 떨어져

반주합니다

그대와 나
지금 이 순간에도
우주의 피어노 앞에서
우리는 마주해 서로를 연주하고
또 연주합니다.

## Azure
—하늘빛 너머 너


너를 처음 본 날,
하늘빛 청명으로
너무 맑아
숨조차 조용히 쉴 수 없었어

네 눈동자에 머문 빛은
단순한 까망이 아니라
그건 형언할 수 없는
감정의 은하수 깊음이었어

나는 그날부터
언제나 고개를 들어
Azure를 찾았어

푸른 하늘 넘어서
네가 아직 나를 기억하고 있을까?
바람에게
조심스레 물어보며
너의 소식을 구하고 있었어.

# 우주를 건너는 꽃잎들

어둠의 허공을 뚫고
꽃잎 날아 흘러갑니다

먼 희미한 별빛은
등대가 되어 방향을 밝혀주고
빛보다 빠른 순간에
별들의 섬을 스쳐 지나갑니다

까마득히 먼
상상조차 할 수 없는 곳이지만
찰나의 순간에 또 하나의 별을
건너갑니다

그렇게 지나는 자리마다
당신의 숨결은 바람처럼 일어나고
꽃잎은 찬란히 피어납니다

이름도 남기지 않고
빛으로만 존재하는
우리는 헤아릴 수 없이 먼
우주의 바다를 건너고

우리의 맘결이 꽃잎의 마음결에
피어납니다

수없는 은하를 지나고
우주의 끝을 건넌 후에도
꽃잎들은 여전히 아름답게 피어서
우주 속에서 화려한 별꽃으로
탄생할 겁니다.

# 가을의 숨결

가을로 무르익은 산길
단풍잎 우수수 쏟아져
발길 아래 놓이면

한 발짝 내디딜 때마다
발걸음에 만나는
낙엽 한 잎 두 잎

사그락 사그락
가을의 숨결로 일어나
속삭여 들려오지요.

## 산봉의 가을 노을

지난 계절들의 추억들은
낙엽 속에 쌓이고

스치는 시간의 순간들은
가을비 속에 흘러갑니다

문득 고개를 들어
서녘 멀리 바라보니
단풍빛이 내려앉은 산봉에
노을빛 불길이 활활 타오릅니다.

# Voyager
—미지의 우주로 떠나는 사람들


너는 이름 없는 별들을 건너
지도 없이 항해하는 *Voyager*
별 조각 하나로
빛을 잃은 채 떠돌아

어디에든 닿지 못해도
너는 더 나아가
의문이 끝나는 곳에서
결국 빛이 또 시작되리라 믿기에

외로움은
너의 연료이자 나침반
침묵은
네가 듣는 우주의 노래로

너는 아직도
끝이 없는 밤을 항해하며
너의 존재를 띄워 보내고 있어.

# 별꽃밭

별꽃이 하늘에서 피어
땅 위에 내려앉아

꿈결 속에 꽃등으로
밝아 비추어주면

어두운 맘 밝아
꿈 밖으로 나와
꽃밭에서 즐겨 놀지요.

# 놀라운 일

저 꽃이 지는 것이
바람이 스치는 순간이고

저 사람이 떠나는 것도
번개가 치는 찰나인데

우리가 그것을 망각하고
영원할 것처럼
생각하고 살아가는 것이
더 놀라운 일이지요.

# 꽃빛 휴머니즘

꽃빛을 머금어 핀
꽃송이 고움은
나만의 것이 아니고
보는 모두에게 나누는 빛이 됩니다

바람의 소리를 이해하고
빗물의 노래를 받아들여
하나의 꽃빛으로 필 때
하나의 향기로 이어주지요

상처로 아픈 마음도
아름다운 눈빛으로 전해지면
다시 일어나 살아갈
힘이 되어줍니다

전해지는 모든 온정은
따스하여서 꽃빛 밝아 피어
휴머니즘의 한 꽃빛으로
울림의 노래가 됩니다.

# 들바람

산들산들 불어오는 바람은
무슨 사연을 전하려
꽃잎 흔들어 손짓일까?

그리움의 소식이
향기로 전해져
내 코끝에 스쳐와

하지만 은밀한 사연
다 전하지 못하고
저 멀리 썰물로 떠나는
바람아

그리로 가는 길에
내 소식을
더 고운 향기로 좀 전해주렴.

# 세레나데

창틀 위에 머문 달빛이
당신 어깨에 내려앉는 밤,
나는 말없이 문을 열고
작은 숨결을 품어
노래를 불렀어요

종이처럼 얇은 당신의 잠결에
별 하나 놓치지 않으려
나는 속삭이듯 불렀지요

바람이 당신의 머리칼을 쓸어내리면
그 손길이 나였으면 하고
시계의 초침이 멈추면
이 노래가 끝나지 않았으면 했지요

그대여,
잠든 얼굴에 피어난
그 미소 하나에
내 하루가 다 젖었지요.

# 별꽃 그늘 아래서

지금 살아가는
모든 꽃이
별꽃 그늘 아래서
하나로 어우러져 아름다워야지

빛으로 소곤대는 저 별들
살아서 숨 쉬는 이 별들
그 별들의 품 안에서
여기 별 행복을 꿈꿔야지

벗어날 수 없는
우주의 그늘이
아무리 크고 멀다 하더라도
꽃으로 보면
다정의 이웃
평화의 동네지요.

# 슈퍼노바

얼마나 많은 세월 동안
저 하늘의 별로 반짝이며
긴 날들을 살았던가요?

그러나 이젠
한 생의 끝단에 서서 가장 밝고
강렬한 별빛으로 타올라
장엄하고 화려하게
사라져야만 합니다

침묵의 우주는 빛으로 반짝여
작별의 인사를 나누며
영원의 우주에 새로운 탄생을
기다립니다

그렇게 무수의 별꽃이 피고 지는데
나는 어느 허공의 꽃별로
다시 피고 질까?
오늘도 그 맘으로 피어
우주의 한 공간에 섭니다.

# 가이아의 장가

대지를 훑고 간
바람의 숨결이
산 끝자락에 머물면
여인은 은은하고도 긴
노래를 부릅니다

햇살에 지친 풀 이파리에게는
자장가로 들려주고
땅 위의 외로운 짐승들에게는
장가로 불러줍니다

수십억 년을 빛나오던 푸른 땅
여기서 태어남과 죽음으로 오고 가며
들리는 수많은 아우성과
울음의 소리를 다독여
고요하게 잠들어라
부르는 노랫가락입니다

가이아 품 안의 아이들이여!
모든 병정놀이의 비극은
이젠 그만 거두길 빕니다

그리고 가장 깊은 어둠 속에서
가장 험한 가시밭길을 보듬어
모두를 자애의 운율로만 품을 겁니다.

# 나의 별

나의 별은
어디쯤 가고 있을까?

은하수 어느 들판
꽃별이 무수히 핀 곳

거기 머물러
가다 쉬다 놀다가

여행을 하며
반짝이고 있겠지.

# 꽃은 무엇의 소리든 다 들어줘

바람의 거친 아우성
괜찮아 목청껏 외쳐도
다 들어줄 거야

빗물의 슬픈 흐느낌
괜찮아 맘껏 울어도
다 들어줄 거야

혹 나를 미워하는 말
나와 생각이 다른 말도
꽃빛 그대로 미소 하나 잃지 않고
모두 다 들어줄 거야

넌 그렇게 할 말이 많았니?
가슴속 후련하게
다 털어놔 봐

들어주는 꽃이 있으니
세상이 향기로운 거야
이젠 좀 내 말보다
나를 내려 들어줘 봐

들어주는 넌
충분히 향기로운 꽃으로
고와지고 있어.

# 노래하는 꽃

노래하는 꽃의 소리를 듣고 싶다면
백일홍 꽃잎에 앉아
바람소리에 귀 기울여 봐요

노래의 가락은
꽃잎에 맺혀 흐르는 이슬방울과
꽃잎에 붉어 타오르는 불꽃에
울리고 있어요

노래로 들려주는 의미는
변치 않는 향기의 전함과
별빛의 반짝임으로 빛남의
찬란함에 있지요

나의 울림도 언젠가는
꽃의 노래가 되어
무지갯빛으로 출렁여
어디든 아름답게 다가가길
빌어요.

# 아침을 열며

창틈으로
빛이 조용히 스며듭니다

어둠은 아무 말 없이 물러나고
새들은 가장 먼저 하루를 부릅니다

눈을 뜨는 일,
그것만으로도
작은 삶의 기적입니다

차가운 물 한 모금,
따뜻한 햇살 한 줌,
이름 모를 풀잎 하나에도
생은 피어오릅니다

어제의 무거움은
사라져 가는 이슬에 맡기고
오늘의 발끝을
가볍게 해봅니다

아침은 언제나 말이 없이 다가와

환하게 열려옵니다
마음도 그렇게 맞이한다면
이미 행복한 하루의 예약입니다.

# 이슬꽃

풀잎 끝에
맺혀 핀 이슬꽃

별빛을 머금다가
달빛을 머금다가

아침 햇빛 따라가는
너 맑은 꽃

내일 또 와서
꼭 다시 피어줘.

# 아폴로

조화로운 꽃 한 송이의
의미를 풀어
아폴로는 노래로 불러줬어

그 음은 고통으로 신음하는
뭇 생명들의 아픔을
평안으로 잠재워주었지

태양의 빛을 좇아
아폴로에게 가는 길
그 가장자리에서
또 다른 나를
뜨겁게 맞이했어.

# 풀꽃 향기

보이는 그대로가
너 꽃의 참모습이 아니야

볼수록 더 아름다운 거
다가갈수록 더 친근한 거
작지만 큰 힘이 있다는 거

너 가까이 함께하며
이제야 너 꽃의
참다운 내면을 알았어

이제 그 꽃 결에
맑은 이슬을 얹고
고운 햇살을 뿌려
네 마음에 스며들고 싶어.

# 마음 바람결

지금 마음결에 일어나는 바람
별거 아니야!
스쳐 지나가게 그냥 둬
바람에 메여 머물면
구름 흘러가지 못하고
밝음을 막아

머무름 없는 맑아진 마음에
꽃씨를 내려 꽃나무를 키워봐
고운 꽃빛과
그윽한 향기로 마음결을 채워 와

어느새 그 마음의 꽃밭엔
새들 날아와 노래하고
나비들 날아와 춤을 춰.

## 꽃으로 피어 와줘

사랑의 꽃바람
남방의 먼 길에서 이제 돌아와
너 꽃나무에 앉았으니
시샘의 시름에 떨지 말고
본래의 빛
어여쁜 꽃 색으로
꽃망울 곱게 터뜨려 봐

사랑은 햇살처럼 따스하고 부드러워서
너에게 나풀나풀 날아와
너 꽃물에 물들어 취해서는
내내 변치 않아
사랑의 열매로 맺혀 익어갈 거야.

# 가이아의 밤

아름다운 꽃빛의 노을이 내리면
어머니의 숨결이 불어와
잠드는 대지를 안온의 손길로
보듬어줘요

산하는 조용히 눈을 감고
별빛을 품고 누우면
풀나무의 꿈결이 뿌리로 스며들어
가이아의 꿈을 키워요

이 시간
바람은 숨을 죽이고
새들은 깃을 내리고
별빛도 눈을 감으면
바람새는 노래를 속삭여 불러요

밤은 깊어가고
어머니의 그리움 커가며
먼 곳서 들려오는 소리
모든 생명이 이 품 안에서 잠들라고
가이아의 밤은 말하고 있지요.

# Aether Dream
—영혼의 꿈


당신의 잠든 틈으로 들어간다면
꿈으로 드는 여행길에
은하수 한아름 받아
당신의 가슴안에 품어주고 싶습니다

꿈결이 달빛처럼 하얘질 때
비로소 나는 당신의 안에 파고들어
보금자리를 트는
나자리노가 되겠습니다

지금 이것은 꿈을 꿈이 아니라
현실 속의 거울에 비친
미래의 날에 다가올 예정이
펼쳐져 보임입니다

당신의 꿈
나의 몽환
천상의 노래로
다가올 어느 날의 참다운
모습입니다

우리의 꿈은 여전히
향기롭고 아름다운
무지개 꽃을 피우고
또 피울 테니까요.

AETHER DREAM

# 그대로인 꽃 없어요

오래 바라보던 꽃 한 송이
어느새 꽃 색은 바래고 말았습니다

햇살이 내려 앉고
빗물이 내려 젖고
시간이 녹아들었습니다

그러면서 조금씩 다른 얼굴의
당신을 떠올리지만
처음 마주한 말간 웃음은 잊지 않습니다

그대로인 꽃 없고
그대로인 마음도 없이
그대로 시간은 흘러가지만
지금 함께하는 이 순간은 너무나
소중하기만 합니다

당신이 그렇게 내 곁에 피어 있는 동안
나는 당신을 처음 만난 그대로
아름답게 변함없이
오래오래 마음에 둘 것입니다.

# 꽃 그늘

꽃 그늘 안으로
들어와 봐

서로 꽃을 닮았으니
이젠 남남이 아니야

예쁜 거 향기로운 거
서로 닮아 함께 나눠
살아가야지.

# Dark night

어둠 속에서 빛을 찾지 못했지만
빛은 언제나 멀리서라도
나를 지켜주고 있었습니다

어둠 속에서 마음의 눈을 뜨고
밝음으로 향하는 바름을
잃지 않았기에
밝음의 문을 결국 열 수가 있었습니다

어둠 속에 사라져
아무것도 없는 곳에서
내 안의 빛은
쓰러진 모두를 볼 수 있었고
밝은 아침이 올 때는
모두를 일으켜 세울 수 있었습니다

가장 짙은 어둠이라도
빛이 아주 사라짐이 아니라
빛의 문을 열고 들어가 맞는
새벽의 여정이었기에
희망을 결코 놓지 않았습니다.

# 서정의 노래

봄꽃이 피어 출렁여 남실거리다
장맛비에 젖어 눈물을 머금어지고

여름꽃 피어 백일을 지키다가
들바람에 흔들려 지쳐 떨어지고

가을꽃 피어 산들산들 춤추다가
서릿발에 얼어붙어 누워지고

여기에 나비들 날아와
하늘하늘 춤추다 떠나가고

철새들 날아와
지저귀어 노래 부르다 떠나가고

사람들 정감으로 오다가다
시구를 풀어 서정을 담아내네

이 풍경을 품고 내내 강물은 흐르고
계절빛도 강물 따라
가고 또 오는데

여기에 무슨 서러움이 있을까?
꽃잎이 날리거든
단풍잎이 떨어지거든
흰 꽃송이 날려 쌓이는
겨울밤의 꿈 잊을까?

# 달맞이꽃

보름달 둥글게 떠오르면
저 건너 엄마
달맞이꽃 핀 길 따라 이제나 오실까?
뜨는 달 바라보며
날마다 달마다 기다렸지만
어머니 오시지 않고
달은 또 져가네요

오시는 길
만리길 천리길
머나먼 곳도 아니고
길도 밝은데
저 건너의 어머니는 무슨 사연 깊어서
여기 어린 나 놔두고
오시지를 못하나요?

엄마 그리움에 슬퍼 외로워
달 보러 나갈 때
달이 떠서 달꽃 피면
달꽃 닮아 달맞이꽃 되어서
달님 맞이하다가

달 가는 길 따라서
엄마 찾아 가지요.

# 페가수스와 함께

어느새 하늘 멀리서
너와 함께 걷고 있었어
구름은 깃털로 포근했고
하늘빛은 날개에 반짝였어

황금빛의 넌 어디서 달려왔니?
그는 대답 대신
우리 곁 별을 가리키고 있었어

푸른색의 별
참으로 아름다운 별이 우리 앞에
나타나 있었어

우린 날개를 내리고
손을 잡고 천천히 구름 위를
밟고 있었어

그의 갈기에 손을 얹어
시어를 잊었던
지난날을 상기하며
시간의 주마등을 켰어

잊었던 언어들이 반짝이는
꽃으로 송이송이 피어났어

그의 숨결은 시 생명의
원천이었고
연가로의 서정이었어

지금 그와 함께 시를 쓰며
하늘을 날지만
아직 모르는 세계가 많아

그와 함께 더 많이 걷고 날며
더 아름다운 노래를 쓰고 싶어.

# 꽃은 다시

사랑으로 뿌려오는
햇살 아래 핀
가장 찬란한 꽃잎 하나
오늘 바람결 따라 허공 속에 날렸어요

바람은 부드러이 멎었고
나비는 숨죽여
그 허무함을 보았지요

하지만 이날이 지나고
아침이 오면
모두 다 잊고
창공은 여전히 또 다른 꽃송이를 초대해
그 자리를 다시 빛내겠지요.

# 당신은 나의 영혼 나의 심장

내 심장 안에 울리는
당신의 숨소리 하나 하나
놓칠 수 없어요

눈물 한 방울 남음이 없는
슬픔의 날이라도
당신의 숨결 하나로
삶의 꽃잎 시들었다가도 되살아나
싱싱하게 일어날 수 있지요

그렇게 살아 피어서
나의 영혼은 그리로 가고
당신의 영혼은 이리로 오고
변함없는 빛으로 서로 밝히지요

때문에 세상의 모든 빛이
사라진다 하더라도
두려움 없이 우리는 하나로의 빛을 밝혀
영원의 우주로 향해 날아갈 수 있지요.

# 들풀 꽃

들풀 숲에서 핀
작은 들꽃

바람이 불어도 미소 짓고
빗물이 내려도 웃음 짓는
너 꽃의 얼굴

보는 맘
너에게 물들어
언제나 밝아서
환해지고 싶어.

피곤하지 않아
오히려 즐거웠어


하루해 끝 결
피어 내리는 노을이
내 가슴에 안겨 오며
나직이 묻는 소리 피곤하지 않아?

하지만 난 미소하며
오히려 오늘은 참 따스한 하루였다고
말하고 싶은 건
햇살 같은 네가 내내
사랑의 꽃빛으로 감싸왔거든

때문에 꽃샘바람의 시림에도
어느 누군가의 거슬림에도
그 빛이 내내 보듬어 주기에
피곤하지 않아
오히려 즐거웠다고 말하고 싶어

내가 가는 발길마다 벅찬 숨결이 일었지만
미소의 출렁임 속에
이 하루가 행복으로 채워지고 있었어.

# 향기로운 꽃으로의 당신

마음속으로 전해오는
당신의 꽃 같은 향기 좋아서
나는 그렇게 꼭 닮아가고 싶어요

가장 시린 바람이 불 때라도
사는 게 그러려니
당신은 힘들다 슬퍼하지 않지요

바람이 불면 부는 대로
빗물이 내리면 젖는 대로
그 맛 그 느낌 그대로
바로 보고 피는 꽃송이지요

가만가만 스며오는
당신의 그 모든 채취
고운 말로
고운 눈빛으로
그 모든 향그러운 맘빛을
닮고 싶음이지요.

# 나이트 퀸

해가 잠들고
모두가 꿈속에 들 때나
영혼 불살라 황홀한 향기로
피어나는 생명의 꽃

찬연함이 밤의 여왕이라
어둠이 고요히 내리고
세상의 모든 생명이 잠들어갈 때
눈부신 금빛 향기로
밤의 심장을 깨우는 꽃

밤에 피는 밤의 여왕으로
잊을 수 없이 아름답고
차마 품을 수 없이 찬란한
고귀함의 자애로운 꽃.

# 글로리

나는 별의 길목에서
많은 날의 밤낮을 기다리다가
페가수스 너를 만났어

너를 기대어
이제야 꽃으로 핀 별 하나를
가슴에 품을 수 있었어

그 별의 빛은
찬란하지 않았지만
눈부시게 아름다웠어

그 빛 속에서 목표가 하나하나 돋아나
내 심장을 데우고
하나의 세계를 열었어

아, 영광의 빛
여기서 보는 눈빛은
지금까지 바라보던
세상을 보던 눈이 아니야

지금 이 영광의 세계에 들게 하는 날개는
나의 것만이 아니고
이 처음의 설레는 여행도
나만의 것이 아닌
너와 더불어 모두의 것이기도 해.

# 돌아와 하나로

돌아와, 하나로
흩어졌던 꽃잎들이
회향의 바람을 타고
다시 돌아와

지워졌던 꽃의 이름
사라진 꽃의 얼굴
이제 서로의 눈빛에서
고와 다시 피어나

헤어져 흩어지긴 쉬워도
돌아와 하나 되긴 힘들어

피눈물로 물든 너머서 돌아와
뜨거운 가슴으로 부둥켜안고
서러운 시간까지 녹여 내야지

산과 들
거리와 광장에서
부서진 조각들을 다시 주워
하나의 이름으로 다시 서서

하나의 땅
하나의 하늘로 다시 서야지

돌아와 하나로
합창의 노래로 이 광야
이 대지에 울려 퍼져서
그 빛 어둠을 몰아내고
그 빛 세계를 밝혀가야지.

돌아와 하나로

# 가을 들판

성숙으로 금빛 물들어
숙여 낮춘
풀꽃들의 이삭에
존경의 갈 바람의 노래가
일렁여 옵니다

이 아름다운 익음으로
완숙의 들판에
새들이 날아오고
꽃들도 춤을 춰 나부낍니다

이 찬탄으로의
가을 축제에
한마음 함께해
나눔과 베품으로
넉넉해지고 싶습니다.

# 이대로 머물러줘

이렇게 소중한 만남이 되었으니
지금처럼 언제까지나
나에게 머물러줘

나는 행복한 사랑을 약속하며
놓지를 않을 거야

좋은 만남으로 완전한 사랑이 있는 곳엔
고운 음성의 노래가 있고
아름다운 음악의 화음이 있어

이 시간으로 이어지는 공간 속엔
아픔으로 얼룩졌던 상처의 가슴이라도
녹여 감성의 물결로만 물결쳐 올 거야

하루하루의 사랑이 아름답기만 하다면
그건 무한의 시간을 부를 테니
이제 우리 함께 머물러
영원의 미지로 나가야지

여긴 금빛 물결 찬란한

은하의 강
둘이서 떠나는 미지의 여행에서
언제나 잡은 손 놓지 않고 함께 머물러
행복한 내일로의 꿈을 펴가고 싶어.

# 별 플래닛 라인

존재를 드러내지 않고
우리별을 돌아
만 년에 한 번 돌아오는 너
지금쯤 어디일까?

어둠의 무한한 장막서
별들의 희미한 빛 등불 삼아
쉼 없이 홀로 걸어가는 방랑자

하지만 아름다운 지구 잊지 않고
잃어버린 해왕성의 길 찾아가고 있는 너
지금 서로 볼 수 없지만
전설의 별로 꼭 기억해 두리라고
말하고 싶어

지금도 어디에선가
희미한 우리를
바라보고 있을 플래닛 라인
그런 널 우리는 잊지 않아.

# 꽃이슬

나뭇잎 물드는 소리
과실이 익는 소리
요란한데

나 아무리 소리 잊고
살고 싶어
귀를 닫아도
계절은 지나가고 말아

철 따라 시절은 지나가며
또 다른 울림의 눈물방울이
시린 마음 두드려 와

그 이슬꽃 날마다
바람에 맺혀 피고
햇살에 반짝이다
사라지는 생이라도
괜찮아 오늘도 맑고 깨끗한 영혼으로
살다 지면 그만의 소망뿐이야.

# My Heart Will Go On
—내 마음 이대로 영원히


당신이 머물렀던 자리에는
꽃이 피고 향기가 채워집니다

꽃잎을 몰고
계절의 바람은 지나가고 말지만
그대 숨결은 내 마음속에
꽃으로 피어 지지 않습니다

인연으로의 사건은
한순간의 만남에서 비롯됐지만
끊어질 수 없는 연의 맺음은
영원으로의 사랑입니다

이제 뜨거운 가슴으로 두드려
그 문을 열었고
모든 것이 사라지더라도
우리 사랑의 빛은
사라지지 않아 그대로 머물겁니다

폭풍이 불어와도
하늘의 별이 사라져도

마음속에 심어진 그대로
당신에게 향한 마음 변치 않아
사랑의 강물은 영원의 바다로 향해
그렇게 흘러갈 것입니다.

# 볼레르 마지막에

서시의 노래가 끝나기 전
마음에 간직해 뒀던 고백을 하며
꽃다발을 네 품에 안겨주고는
떨리는 목소리로 말했지

음정의 선율은 가냘프게 떨리고
축제의 등불은 여리게 비치어
깊어가는 밤
나의 이야기를 끝내지 못했지만
넌 이 밤의 주인공이 되어
내 마음을 흔들었어

음악의 파동은
무대에 파문을 그리며 출렁이며
내내 그렇게 여운으로 남아
북소리, 드럼소리 여운으로 울려
내내 내 가슴을 두드렸어.

# 풀잎 이슬

풀 끝에 맺혀오는
그리움 큰 너의 슬픔

가슴 속 사연 알알이
이슬로 맺혀
풀 이파리 흔들릴 때마다
떨려 내리는 눈물방울

들길마다 들꽃의 사무침
산길마다 산꽃의 애절함
모두 보듬어 흐르는
너 풀잎 이슬.

# 함께 가는 길

지금 함께 가는 길
험하다 하더라도 잡은 손
서로 놓지 않아야지

무지개다리를 건널 때가 있고
폭풍의 언덕을 넘어야 할 때가 있지만
흔들림이 없는 굳은 믿음은
결코 우리를 떼어놓을 수 없게 해

서로 이 별의 나라에 온 이유는
바로 지금 이 만남을 위함이었어

이젠 우리의 사건을
아름답게 사랑의 이름으로
저 하늘의 별밭에 영원의 이름으로
새겨 나가는 거야.

# 어머니 가시는 날

가시는 길
내내 잡은 손 놓지 않고

휘이휘이 길숲을 헤쳐가며
노래를 불러드리고

손길의 온기를
그대로 간직한 채
이별을 했지만

그 따스함
잃지 않고
고이 품어 언제까지라도
잘 살아가리라
다짐을 해요.

# 봄비의 감성

꽃 물결로 밀려오는
이 아름다운 봄날

날아가는 철새에 슬퍼 눈물 젖고
날아오는 나비에 기뻐 눈물 젖어
내리는 봄비

아무리 봄꽃의 세상이라 하더라도
가는 슬픔
오는 기쁨

두 빛으로 감성이 교차함은
어쩔 수가 없음이야.

# 바람의 결

너의 부드러운 숨결이
나의 귓불에 와 앉을 때
나는 진정한 사랑을 알았어

소리보다 먼저 와닿는 것
눈빛보다 선명해 가는 것
그건 네 진심의 숨결이었어

너의 따스한 눈길은
나의 길었던 한숨을 모두 거두었고
침묵의 숨결에서도
너의 우주를 들었어

지금 이 순간이 끝이라 해도
아름다운 숨결의 시간
놓지 않고
나는 영원의 결로 너에게 사연
전하고 싶어.

# 낙원이 손짓하면

구름자락 떠나간 파란 하늘엔
꽃바람 하늘하늘
은하의 바다를 건너서
꽃물결로 물결쳐 옵니다

꽃바람 쉬어가라
언덕 위 풀잎들 눈짓하면
풀숲에 내려앉아
꽃으로 수놓아 둥지를 틉니다

당신의 노래 그리워
언덕 위 새들 하늘 높이 오르고
낙원이 손짓하는 저 높은 곳으로
영혼들 모두 춤을 춰 오릅니다.

# 별 꽃밭에서

은하의 별꽃이 떨어지는 밤
너 입술의 꽃잎 하나
꽃바람에 실려 나에게 왔어

부드럽고 따스한
그 찰나의 스침이
온 우주의 공간 한점에서
긴 영원의 시간으로 빨려들어
내 영혼을 흔들어왔어

오, 하늘이 내려준 꽃
하늘의 꽃별
하나로의 눈맞춤
그 아름다운 순간을 놓지 않고
언제도록 간직하고 싶어

한밤을 지새우고
날이 밝아도 그대로 그렇게
내일 또 바람결에 다시 오기에
우리의 꿈은 더 단단해져서
우뚝 서 있을 거야.

# 들꽃의 참모습

작지 않아
그렇게 보일 뿐

외롭지 않아
그렇게 느낄 뿐

들바람 온몸 가득
소낙비 마음 가득
뙤약볕 얼굴 가득

그렇게 머금어 핀
풀숲 속 풀꽃이지만

세상의 주인공으로 핀
유일한 꽃 한 송이기에

멋지게 살아가야 할
이유가 있어.

# 콤파스

내 마음이 흐려져
그만 방향을 잃고 말 때
고요한 숨결과 함께
콤파스로 그 중심을 찍고
다시 방향을 찾아 나갈 수 있었어

북쪽으로 가다가 돌아
남쪽으로 가고
또 돌아가다가 다시 만나는
둥근 원
마음 그렇게 둥글고 원만하면
우주로 어디로든 항해해 나갈 수 있어.

# 평화와 전쟁

포성이 울리는 여기에
평화의 비둘기 날아오며
기나긴 날의 전쟁도 멈췄네

평화의 꽃은
별꽃보다 더 밝아 피어
사람들의 가슴에
미소의 향기를 주었네

한 마리의 새가 물고 온
평화의 꽃잎 하나가
총을 내려놓고 악수하게 하였네

이 땅에
이 세계에
평화는 영원하여
악마의 핵폭탄은 사라지고
평화의 꽃 이름을 사람들 가슴마다
굳게 새겼네.

# 우주와 나

우주의 작은 한 점으로의 나
결코 작은 무의미가 아니야

작은 존재지만 여기 아우러진 사람들과
큰마음 냄으로 함께함에
그 품음의 자락은
우주의 일부에서
우주의 전부로 이어지기도 해

작은 한 톨의 지구지만
그 안에서 삶의 내용은 우주보다 광활한데
우리 잘 살지 못하고 지구촌이 병들고 파괴되면
결국 우주의 모두가 슬프게 될 거야

울림의 소리는 작지만
세상의 모두를 위함이건데
나의 작은 위안이라도
그 모두의 이익됨이라면
아주 큰 의미로 우주에 파동쳐 나갈 거야.

# 날 위로하고 챙기는 마음

어둠에 잠긴 밤
자기 전에 전등불을 끄고
창문 밖을 바라보면

수척한 내가 보여옴에
내가 나를 위로할 필요가 있어

큰일 아닌데도
세상이 끝난 것 같은
절망을 맛볼 때와
남에겐 채 드러나지 않은
나의 허물과 약점들이
떠올라 자존심 상할 때
나를 잠 못 들게 하고

누구에게도 얼굴을
보이고 싶지 않은 부끄러움에
문 닫고 숨고 싶을 때의 자괴감이라도
괜찮아 괜찮아
잘할 수 있어라고
나를 위로하고 챙겨봐.

# 당신은 나의 모든 것

아침에 눈을 뜨면
향하는 마음
저녁에 눈을 감으면
떠오르는 얼굴

나에게 유일한 존재로 머무는
당신의 꽃송이를 보건데

내 눈빛 속에 머물러
언제도록 눈부신 채로
이렇게 변함없이
담아두고 싶어요.

# 깨어나라 영혼이여!


지금 걷고 있는 길
어둠 속에 묻힌
길 없는 길

똑바로 다시 보지만
이미 바로 봄의 눈을 잃어
잘 볼 수 없음은
오래전이었기에

어둠의 이곳을 건너
저 빛 밝은 언덕으로 건너는 건
우리의 꿈이고
내일의 목표이려니
깨어나라 영혼이여!

본래의 기억을 떠올리면
먼지 속에 묻혀버린 가르침 있어
이제 밝아 되찾은
잊어버린 소리여!
잊혀버린 이름이여!
묻혀버린 생명이여!

잠든 어둠의 강을 건너
그대의 본래 빛을 기억하여
안개 속에 묻힌 모습을 찾으라

이제 허무에 갇힌 뇌옥을 부숴버리고
밝은 빛이 내리는
자유의 세계로 깃을 쳐
훨훨 날아오르리라

내 안이 울림으로 깨어
찬란한 밝음의 세계로 향하여
이제 나서 더 높이 올라
밝아진 참다운 음성으로
임의 이름을 부르리라.

# 가을꽃맞이

가느다란 몸
마냥 흔들려 피는
가을 들꽃

코스모스, 쑥부쟁이
구절초, 감국화의 가을꽃들…
무성한 계절 떠난
쓸쓸한 들길에 남아

산들산들 갈바람의 숨결을
춤사위로 승화해
갈꽃으로 피어났기 때문에
더 싱그럽고 향기 진한
들꽃송이로 맞이하고 싶어.

# 매화꽃

눈꽃 눈물 흘리고
떠난 자리로

매화꽃
눈꽃의 향기를 담아
봄꽃의 정령으로
피어오면

너 반겨 맞으려
눈꽃 간 길로 따라 걷는데

가는 길마다
봄 물결
꽃 물결이
무지개 빛살 펴
일렁여 오고 있어.

# 임 가까이로

곱게 물든 가을 단풍잎
아직 바람에 날리지 않아서
과실을 품어 익을 때
한 잎의 고운 이파리가 되어
임 가까이로

구름 개인 가을 하늘
아직 달이 지지 않아서
어두운 길 밝혀줄 때
한 가닥의 하얀 딜빛이 되어
임 가까이로

푸른 숲 청량한 개울물
아직 산새들 노래 멈추지 않아서
새벽의 아침을 깨울 때
한 소절의 청아한 소리가 되어
임 가까이로.

# 꽃 질 때 찬미

이 순간
바람에 날려 춤을 추는
꽃잎 보건데

오고 감의 경계에서
환상의 여기를 실제로 건넘이라

지금 마지막의 이별이 오히려
찬미라 아니 말할 수 있을까?

# 당신이 손짓할 때

당신이 저 건너서 손짓할 때
나는 그리로 당장 건너가겠습니다

건너는 길
물 깊고 하늘 높이 아득한 길이라도
당신이 저 너머서 부를 때는 주저 없이
나는 그리로 바로 달려가겠습니다

성숙으로 물든 고운 단풍이
바람에 반짝일 때
아쉬움으로 짙은 붉은 노을이
서녘에 꽃 피울 때
그리고 당신은 그 빛으로 미소 지을 때
나는 그리로 즉시 올라가겠습니다.

# 내가 얼마나 사랑하는지
# 당신은 알까요?

빌어주는 마음으로
주는 사랑 얼마인지를
당신은 알까요?

하지만 알 필요도
생각할 필요도 없어요
정말로 사랑을 한다는 건
줬다는 마음 남음이
하나도 없기 때문이지요

사뿐히 날아가
당신 위하여 보듬는 자리
버겁다는 생각 하나도 없이
그대로 지켜줌뿐이지요

아름다운 빛으로
피어나는 사랑은
억지로 덧칠함 없이
맑고 순수한 무지갯빛에서 따옴이기에
어제와 같이 오늘도 내일도
변치 않는 맘빛으로 반짝임이지요.

# 이 밤을 당신과 함께하고 싶어요

그리움 간절한 마음에
그곳으로 달려가
이 밤을 당신과 함께하고 싶어요

나 홀로 조용히 보내는 맘
영혼 자유로워서 당신에게 향하면
언제나 사랑의 고운 맘으로
당신이 날 반가이 맞이하리라
난 오늘도 행복한 영혼의 날개를 달아요

변함없는 마음
본래 꽃의 향기로움으로 진실하여서
아프고 힘들어도
당신의 그리움 더 진하고 간절해서
마음 변함 없이 다가감이지요

믿음 깊은 마음으로
이제 나래 펴고 그곳으로 날아가면
당신 날 반가이 마중하고
난 당신을 뜨거이 포옹해
진한 감성으로 함께 나누고 싶어요.

# 언제도록 별이 되어

그대는 이 별에서
친구이고
연인이며
영원의 연으로 이어짐이려니
이대로 언제나
이 별의 곁에서
아름다운 꽃별로 함께해 줘요

친구의 우정은 깊고 편안하며
연인의 사랑은 뜨겁고 달콤하며
맺음의 언약은 하나의 별로 반짝임이지요

그대 꽃별
내 별 지지 않아
사랑으로 밝게 빛나
언제도록 머물러 줘요.

# 멀고도 가까운 별나라

임이여!
당신은 멀고도 가까운 별나라에
아직 살고 있는지요?

꽃은 피어도 그 꽃잎 지지 않아
늘 넘실거리고
푸른 숲은 그 빛 잃지 않아
항상 반짝이는
그런 별에 머무는지요?

임이여!
그 별나라서 들리는 음성
이렇게 가까이서 듣고 있으니
아름다운 이야기 지금처럼
들려줘요

저녁 햇살이 지고
어둠이 몰려오면
모든 것이 어둠 속에서 사라지듯
그런 허무한 현실의 꿈을
깨어나 임에게로 향하는

밝은 길로 내일은 꼭 향하고 싶어요

두루두루
여기 사람들의 슬픔 함께 나누며
잘 살다가
임이 부를 때나
그곳으로 떠나겠어요.

# 풀꽃의 빛

풀숲 헤집고
힘겹게 얼굴 내밀었지만
아무도 잘 봐주질 않아요

하지만 햇빛 그대로 담고
빗물 그대로 젖어 핀
순수의 빛은
눈부시도록 어여쁘지요

흙먼지 품은 바람이 불어오고
보는 이가 아무도 없어도
그 자리서 그렇게
변함 없이 늘 풀빛으로
빛나고 있지요.

# 꽃샘바람

봄꽃의 꿈 놓지 않아
남에서 북으로
북에서 남으로 바람 꿈
오고 가 불었지만

이제 돌아오는 바람
부드럽기만 하여서
꽃결로 맞음인데

잔바람 아직 시림으로 남아
봄 맞은 풀 나무 아림이라도
봄날의 새 세상을
봄빛의 새 기운으로 맞음은
어찌할 수 없어요

겨울 잔바람 마저 가면
봄꽃 눈부심
봄풀의 푸르름
세상에 펼쳐 와 봄맞이로 나감은
어쩔 수가 없지요.

# 함께 걷는 고운 길

길이 멀고 비바람이 불어도 괜찮아
우리가 걷는 길
행복한 미소 끝에 피어나는
곱디고운 꽃길이야

마음 서로 같이 담아
항상 함께이기에
말이 없는 순간에도
모습이 돌아선 뒷모습이라도
변함없이 서로에게 향함이야

언제나 주는 사랑이어서
앞서가는 손
뒤따르는 손 잡아 끌어주고
넘어지는 몸
던져 손 받쳐 안아줌이야

서로의 존재로 서로의 애정으로
한 방향 하나로 가는 마음
한 그루의 꽃나무가 되어
향기롭게 피는 거야.

# 새날에 피는 꽃

새빛 새날에 고운 햇살 풀어내려
꽃이 핀 길을 열어요

한마음 꽃을 닮은 마음이라면
세상을 향기롭고 아름답게 피우는
주역의 한 사람일 겁니다

우리가 그렇게 만든 꽃길로
함께 사랑 가득한 마음으로 걸으며
시빛 따스히 뿌려 가야지요

늘 새날로 피어나 나누는
다정한 감성으로의 꽃빛은
생각의 가름과 다툼의 얼음장을
사르르 녹아내려줌이지요.

# 이슬 같은 운명

새벽이 와서
아침 햇살 따라가는
꽃이슬이여!

한번 와서 보석으로 맺히다
잠깐 반짝여 가는
물 한 방울의 눈물이여!

사람도 그 이슬의 운명 같음에
어느 아침 햇살에 반짝여
떠나갈까?

# 산사의 겨울

산사는 고요의 정적 속에
잠이 들어 있는데

눈 덮인 듯 마음은
아직 시리움으로
잠 한숨도 못 들어
지새움이지요

어느새 새벽의 범종소리가
거울을 깨우고
땅으로 하늘로
시리움 보듬어 퍼져나가면
어느새 사르르
눈꺼풀이 내려와
잠들고 싶어져요.

# 마음의 강

강물을 바라보는 맘
달 그림자가
머문 그대로

강물 흐르고
날이 지나도
마음의 자리는
변하지 않아

사랑도 그러하여
담아두는 마음
달빛 그대로 변함없이
담아두는 강물의 그림자이어라.

# 들꽃의 삶


쓰러져 밟혀도
다시 일어나
잘 필 수 있어

바람에 흔들려도
꺾이지 않고
잘 살 수 있어

빗물에 휘어져도
다시 세워서
잘 설 수 있어

그것이 너 들꽃의
참다운 모습이야.

# 풀꽃 한 송이 드리오니

풀꽃 한 송이에
세상의 빛 다 담아서

당신에게 주오니
부디 닮아
환한 빛으로 피어나소서.

# 하늘 끝

내 마음의 고향
하늘 끝 그곳인가?

별이 반짝이다가 쉬는 곳
달이 넘어가 잠드는 곳
내 마음도 따라가 꿈꾸는 곳

그리워 달려가 바라보면
허공 속에 머물다
사라져 간 구름길이야.

# 이 별이 아파하고 있어

이건 바이러스에 감염 돼
병을 앓고 있는 거야

바다가 더워지고
비구름이 사나워진 지금
넌 예전의 모습이 아니야

이 별의 나이는 수십억 년이지만
지금 한순간에 병들어 어찌할 수 없이
비극의 슬픈 이야기를 남기고
사라져가는 운명이 눈앞에
그려지고 있어

치솟던 건강한 산봉들은
이젠 힘들어 누워
홍수와 가뭄 그리고 산불에
어찌할 바를 몰라 기진맥진이야

산새들의 울음
바닷새의 울부짖음
고기떼의 절망

귀 기울여 봐
이 모두 혹성 영장류의 이기에 의한
결과물이었어.

# 겨울 보리풀

시린 바람이 부는 산골

쌓인 눈 꽁꽁 얼어붙을 때

모두가 추위와 허기에 움츠려오면

보리풀 희망의 온기로 파래어

얼어붙은 겨울 밭을

내내 희망으로 품어 지켜줬지요.

# 고향을 그리는 꿈

이 별에 오기 전의
고향은 어디일까?

기억 희미해 알 수 없어서
꿈결에서나 보자는데

꿈결 속에 그 고향이
은하의 별보다도
더 먼 아득함에
한숨만 짓다가
깨어났지요.

# 연꽃

지난 긴 밤
어둠살
뚫고 나와
기어코 새벽을 만나

동트는 아침 햇살 받으며
눈부시도록 환하게
연꽃이 물 밖 세상의
주연으로 피어납니다.

# 생의 이야기는 이제부터 시작이야

바람은 지금 향기로움으로 물들어 퍼져나가며
시작의 그림을 그리고 있어.

지나간 날들은 잡을 수 없으니 그대로 보내버리고
시작의 새 출발로 솟아오름의 날개를 펴봐.

이 엄청난 스스로의 역사를 써 나감이 이제부터라면
언제 어떻게든 그 출발점은 위대하고 광대하기만 해.

그렇게 나가는 마음 밝음으로 쏠려 향함에
새 아침으로 맞이하는 출발은 가볍고 산뜻하기만 해.

때문에 지금의 이 시작은 가장 빠른 날로의 결정이었고
가장 멋진 생으로의 빛나는 삶의 기로가 되었어.

오, 이제 밝음으로 나가는 새 출발의 여정에
떠오르는 아침의 햇살은 눈부시고 찬란하기만 해.

# 노을맞이

하루의 말미에 노을빛이 내리면
붉어 익은 가을빛으로 물이 듭니다

그 하늘을 바라보면
사랑하는 당신의 얼굴이
곱게 그려져 옵니다

그리움의 마음으로
당신과 함께한 벅찬 하루였기에
외롭지도 힘들지도 않은
충만의 하루였습니다

지금 붉음으로 번지는 이 저녁이
고요로운 충만으로
내 마음이 부풀어
이제 당신과 함께하는 깊은 휴면의
밤으로 들어감입니다.

# 타오르는 불꽃 진달래

당신을 좋아하는 건
단순히 꽃으로 피어나는 것이 아니라
그것은 사랑으로 붉게 불이 붙는 일이지요

당신을 사랑하는 건
단지 진달래로 피어나는 것이 아니라
내 심장이 열정으로 불타는 것이지요

눈빛 하나에 불꽃이 붙고
목소리 한 마디에 숨이 멎어
당신의 바람이 불어올 때마다
꽃송이 흔들리고 가슴이 부풀지요

너무 가까워 뜨겁지만 꽃빛에 녹아들고
너무 깊어 숨이 차지만
꽃향기에 취하지요

마음속에 핀 꽃이 불꽃인 것은
봄날만이 아니라 언제나이기에
내 안에서 피는 사랑은
타오르는 불꽃 진달래꽃이지요.

## Misty Mountain

산으로 가는 길에
새벽보다 안개가 먼저 깨어
밝아 산길을 안내했어요

가는 여정의 길에는
하늘과 땅의 경계는 지워지고
모든 빛은 하나의 숨결로 하늘거렸어요

신성한 기운으로 손짓하는
그 산을 향하여
나는 걷고 또 올랐어요

이제 오르는 Misty Mountain
달과 별이 노래를 부르고
새와 꽃이 춤을 추며
모든 생명의 바람이 일어난 곳

하늘의 소리로
진언을 읊조려 오건대
'너는 누구의 참다운 그림자인가?'라고요

산 이파리마다 맺혀 흐르는 이슬은 눈물이고
산 꽃잎마다 날려 떨어지는 꽃잎이 꽃비로
산자락을 돌아가는 길 내내 내렸어요

시간은 멈추어 섰고 마음이 한자리로 모아져
영혼들의 깨어난 참모습을 바라보건대

여기엔 둘이 없이
하나의 존재란 것을
그리고 사라지지 않는다는 것을
Misty Mountain 너와 나의
안에 있어요.

# 나의 친구여!

잠시 잊을 수는 있어도
아주 잊을 수 없이
고향의 포근한 품으로 남아있는
나의 친구여!

그 이름 부를 때마다
마음 깊은 곳 어디선가
사랑의 향기로운 풀꽃으로 피어 오는
나의 친구여!

사는 동안 서로 떨어져
여기 먼 곳까지 달려왔어도
언제나 마음 한편에 별빛으로 빛나서
변함없이 빛줄기로 반짝여주는
나의 친구여!

어느 시골 들녘
풀 나무로 서로 어우러져
울고 웃고 놀다가 핀 순수의 들꽃
지금도 꽃빛 변하지 않은 채
고향 향수 그대로 담고 앞에 서 있는

나의 친구여!

지금 이대로 이렇게 오래도록
마음 결에 남아서
지지 않는 별꽃이 되어주길
내내 비는 소망으로 함께하는
나의 친구여!

# 마지막 숨결

마지막 당신 가는 날
수많은 소리를 남기고
바람이 스쳤어요

말없이 흐르는 빗물의
그 눈물방울이
수없는 사연을 쓰고 또 쓰며
이별로 흘러갔어요

나는 조용히 비를 맞으며
하나하나의 사연을 상기했어요

어디선가
아픔으로의 음성으로 들려오는
지난 이야기를
그대로 들을 수밖에 없었어요

그것이 이 세상에서
마지막 인사였고
마지막 사랑의 온기로 전해졌어요.

# 세상은 지금

아침의 창공에
새벽바람이 불지만
아른아른 미세먼지가
끼어 내리고

봄빛의 산들에
봄바람이 왔지만
스멀스멀 황사바람이
일어 불어와

숨이 막히고
가슴 답답한
이 거친 세상

상쾌한 아침 있을까?
향기로운 봄도 있을까?
마음 한편에 아직
한겨울의 저녁바람이
불고 있어.

# 우리는 하나로 날아올라

우리는 하나로 날아올라
우리 본래의 영혼으로 돌아가
깃을 쳐 우주의 저곳
고향으로 날아오르리라

손을 뻗으면 닿는 저곳의 별
영원의 숨결로 머무는 곳
우리 함께 날아가리라

언제부터인가 우리가 꿈꾸던 곳
아주 먼 하늘 높은 곳이지만
우리의 마음이 닿았고 꿈이 있던 곳
이제야 우리의 날개는 피어나
하늘 높이 깃을 치리라

주저 없이 두려움 없이
서로 용기를 돋우어
하나의 맥박으로 하나의 숨결로
하나의 깨달음으로
하나의 지혜로
하나로 펼쳐진 세계로 나가리라.

# 빛의 꽃으로 피어나는 인연

귀한 널 만나기 위해
꽃씨 하나
우주의 먼 길을 돌아서
이제야 돌아와
꽃망울 터뜨리고
하늘하늘 날아오는
널 만났어

소중한 꽃연으로 맺는 지금
축하의 꽃비가 내리고
기쁨의 빛살을 뿌려
세상의 주인공으로
서로 다시 태어나게 해

이제 서로의 가슴을 열고
오직 한 송이 꽃으로
하나의 꽃빛으로
행복으로 살아가길 다짐해.

# 바람의 영혼

바람의 소리를 들어봐
맑고 청아한 음성
꽃의 노래를 담고 있어

언제나 나의 숨결로 되어
가슴에 들어와
함께한 너의 영혼
이젠 너의 모든 걸 고운 소리로만
받아들이고 싶어

너 바람 한 숨 한 숨이
생명의 호흡으로 다가감이
아니 가는 데 없기에

그 영혼
오늘은 어느 꽃에서 피어나고
내일은 어는 꽃에서 졌다가
언제 또다시
피고 질까?

# 풀꽃 그대로 빛

스치는 바람결에
머무는 시선

언제나 그 자리에 와
그렇게 그대로 지켜있는
너 꽃송이

넌 굳이 드러내지 않아도
처음부터 아름답고 향기로운 존재로
세상을 빛내고 있었어.

# After the end
—모든 것이 끝난 후


온 우주의 별들이
사라진 뒤에도
하늘을 여전히 바라보았어

그 암흑천지에서
세상이 끝났다고 절망했지만
풀꽃 하나 여리게
피어 있었어

네가 남긴 마지막의 숨결이
가느다란 빛 한 가닥으로 전해져
빛줄기 밝아
세상을 밝혀오기 시작했어

슬퍼 울기만 하지 않고
이젠 이렇게 된 그 이유를
그리고 왜 이렇게 남겨졌는지를
알고 싶어

하지만 끝이라는 여기서
너의 시작을 기다리며

이렇게 된 연유를 꼭 알아
반성으로 새긴 후에나
너를 맞이하고 싶어.

# 오고야 말아

외로운 건
밤이 길어서가 아니라
희망의 꿈이 사라졌기 때문이야

하지만 아무리 밤이 길어도
새벽은 오고야 말아

황량한 들판에서도
꽃이 피어오길 기다린다면

결국 봄날의 꽃 핌을
맞게 될 거야.

# 달과 별이 가을꽃에 눈길 주듯

그대의 체취
가을바람에 실어
아침의 상큼한 향기로 호흡하며
함께 하루를 시작해요

사랑하는 마음
예뻐하는 마음의 시선으로
달과 별이
가을꽃에 눈길 주듯
그렇게 그대를
싱그럽게 맞아요.

# 고향의 봄날

고향의 언덕에
진달래 붉어 펴오면

진달래꽃 색의
한복 고운
어머니 미소 함께 피어난
봄동산이 고이 그려져 와요

봄이 되어 돌아와
꽃이 다시 피어 붉음이지만
꽃 핀 동산 너머로 가신
어머니 활짝 웃음은
아직이지요.

# 하나의 별로

헤아릴 수 없는 별들 중
너 별이
어디에서 왔는지 몰라도
이렇게 아름답게 빛나
지금 나에게 왔어

내가 그대 별을 기다려
어느 날 별이 되는 순간
너는 나에게로 와
우리 하나로의 별이 되어
분리 될 수 없이
결연의 큰 별이 되어
끝없는 우주로 새 여행을
시작하게 됐어

부디 아프지 말고
슬픔도 없이
별빛 그대로 밝고 곱게 반짝여
언제도록 이렇게
멋진 별의 행복한 여행을
내내 함께하고 싶어.